KB155736

2019년 2월 25일 3판 1쇄 **펴냄**
2011년 11월 25일 2판 1쇄 **펴냄**
2010년 1월 15일 1판 1쇄 **펴냄**

펴낸곳 (주)효리원
펴낸이 윤종근
글쓴이 조종순
그린이 김혜영, 전혜원, 정혜성, 허유리, 이인혜(표지 컷 일부)
등록 1990년 12월 20일 · **번호** 2−1108
우편 번호 03147
주소 서울시 종로구 삼일대로 457, 1206호
대표 전화 02)3675−5222 · **편집부** 02)3675−5225
팩시밀리 02)765−5222

ⓒ 2010 · 2019, (주)효리원

ISBN 978−89−281−0586−1 64370

홈페이지 www.hyoreewon.com

BK는 (주)효리원의 임프린트사입니다.
BK는 Best book Korea의 약자입니다.

안데르센 동화

조종순 글 / 정혜성 외 그림

머리말

덴마크에서 태어난 안데르센은 세상을 떠날 때까지 200여 편의 동화를 썼습니다. 과연 동화의 아버지라고 불릴 만하지요.

하지만 그에게 동화의 아버지라는 별명을 붙여 준 것은 많은 작품 수 때문이 아니라 모든 사물에 생명을 불어넣어 준 그의 따뜻한 시선 때문일 것입니다.

이 책은 안데르센의 동화 중에서 유아들이 재밌게 읽을 수 있는 이야기들만 가려 뽑아 엮었습니다. 안데르센이 이야기를 통해 들려주는 교훈과 세상을 바라보는 따뜻한 시선을 느껴 보시기 바랍니다.

글 조종순

이 책을 읽어 주는 어머님께

안데르센의 동화는 생각할 거리가 풍부하기 때문에 여러 번 읽을수록 더 많은 재미와 감동을 느낄 수 있습니다.

손가락 인형을 만들어서 인형극으로도 꾸며 보고, 서로 역할을 정해서 역할극도 직접 해 보세요. 다양한 활동과 함께 재미있게 읽은 동화는 두고두고 아이의 가슴속에 남아 아름답게 빛날 것입니다.

또 '생각이 쑥쑥'에 실린 이야깃거리를 가지고 아이와 함께 서로의 생각을 자유롭게 나눠 보는 시간도 꼭 가져 보세요. 아이의 생각이 쑤욱 자랄 테니까요.

차례

인어 공주

아주 깊고 깊은 바닷속에 인어들이
살았어요.

막내 인어 공주는 빨리 열다섯 살이
되고 싶었어요. 그래야 언니들처럼
바다 위로 놀러 갈 수 있거든요.

드디어 막내 공주도 열다섯 살이
되었어요. 막내 공주는 신나게 바다
위로 헤엄쳐 갔어요.
커다란 배에서는 마침 왕자님의
생일잔치가 열리고 있었어요.
"어머나, 정말 멋지다!"
막내 공주는 첫눈에 왕자님이
좋아졌어요.

그런데 캄캄한 밤이 되자 갑자기
무시무시한 폭풍이 몰아쳤어요.
　배는 두 동강 나고, 왕자는 바닷속
으로 풍덩 빠져 버렸지요.

"왕자님! 죽으면 안 돼요."

막내 공주는 정신없이 헤엄쳐 가 왕자님을 붙잡았어요.

왕자님을 모래사장에 눕히자 수녀님들이 몰려왔어요.

막내 공주는 얼른 바닷속으로 숨었어요. 사람들이 왕자님을 모시고 가는 모습을 먼 바다에서 바라보기만 했지요.

그 후 막내 공주는 날마다 육지 가
까이 헤엄쳐 가곤 했어요. 멀리서라
도 왕자님을 보고 싶었기 때문이지
요. 막내 공주는 왕자님을 사랑하게
된 거예요.

막내 공주는 바다의 마녀를 찾아
갔어요.

바다 마녀가 소름 끼치는 목소리로
말했어요.

"물고기 꼬리 대신 사람의 다리가
갖고 싶다고? 하지만 걸을 때마다 칼
에 찔리는 것처럼 아플 텐데? 게다가
왕자님이 다른 여자와 결혼하면 넌
심장이 터지고 물거품이 되고 말아."

"상관없어요."

막내 공주는 자신의 목소리를 물
약과 바꾸었어요.

해가 뜨기 전, 막내 공주는 왕자의
성으로 갔어요. 물약을 마시자 날
카로운 칼로 찌르는 듯한 아
픔이 몰려왔어요.

공주는 정신을 잃고 쓰러지고 말았
어요.

"아름다운 당신은 누구신가요?"

인어 공주를 본 왕자가 물었어요.

하지만 공주는 대답을 할 수가 없
었어요. 사람의 다리를 얻은 대신 목
소리를 잃어버렸으니까요.

왕자는 인어 공주의 멋진 춤과 눈
빛에 반했어요. 그래서 인어 공주를
어느 곳이나 데리고 다녔지요.
　　하지만 신부로 삼을 생각은 없었
어요. 왕자는 오직 바다에 빠졌을 때
자기를 구해 준 여자만을 사랑했으
니까요.

어느 날, 왕자님은 이웃 나라로 여행을 떠나게 되었어요.

"아버님의 명령이야. 이웃 나라 공주님을 만나고 와야 해. 하지만 난 차라리 너와 결혼하고 싶어."

왕자님은 인어 공주에게 입을 맞추었어요. 인어 공주는 말할 수 없이 행복했지요.

왕자는 이웃 나라에도 인어 공주
와 함께 갔어요.

　　그런데 이웃 나라의 아름다운 공
주를 본 왕자님은 깜짝 놀랐어요.

　　"오, 바다에 빠진 나를 구해 준
사람이야!"

　　왕자는 그 공주가 자기를
구해 준 사람이라고
생각했어요.

마침내 왕자는 이웃 나라 공주와
결혼을 했어요.

그날 밤, 인어 공주도 결혼 파티가
열리는 배에 함께 있었어요.

"막내야, 막내야."

어디선가 언니들이 나타나 단검을
내밀었어요.

"우리 머리카락을 마녀의 단검과
바꾸었어. 이 칼로 왕자의 심장을 찌
르고, 그 피를 네 다리에 묻히면 넌
다시 인어가 될 수 있어. 안 그러면 넌
죽을 거야."

인어 공주는 왕자와 신부가 잠든
방으로 몰래 들어갔어요.
하지만 차마 사랑하는 왕자를 찌
를 수 없었어요.
인어 공주는 단검을 바다에
던져 버렸어요.

인어 공주는 바다로 뛰어들었어요.
그러자 몸이 녹아 점점 거품으로 변
하기 시작했어요.

인어 공주는 갑자기 몸이 두둥실
떠오르는 것을 느꼈어요.

공기의 요정이 인어 공주를 거품 속에서 데리고 나온 거였어요.

"왕자님, 안녕!"

인어 공주는 왕자님을 향해 마지막 인사를 하고는 하늘 높이 올라갔답니다.

생각이 쑥쑥!

　참 가슴 아픈 사랑이네요. 하지만 인어 공주는 하늘 높이 올라가서 영원히 살 수 있는 자유로운 영혼을 얻었을 거예요. 사랑하는 사람을 죽이는 대신 자기 목숨을 내놓을 수 있는 아름다운 마음을 가졌으니까요.

　어린이 여러분, 내가 인어 공주였다면 어떻게 했을지 한번 생각해 보세요. 그리고 엄마와 함께 이야기 해 보세요.

벌거숭이
임금님

어느 나라에 새 옷을 몹시 좋아
하는 임금님이 있었어요.

"아니, 아니야! 이것보다 더 멋진
옷이 필요해."

임금님은 한 시간에 한 번씩 옷을
갈아입곤 했지요.

48

하루는 사기꾼 둘이 찾아와 말했
어요.

"저희는 세상에서 가장 아름다운
천을 짤 수 있답니다. 그 천은 멍청
한 바보 눈에는 보이지 않는, 아주

신비로운 천이지요."

'그거 재미있겠군. 그 옷을 입으면
누가 바보인지 금세 알 수 있겠어.'

임금님은 두 사기꾼에게 돈을
듬뿍 주고는, 당장 그 천으로 옷
을 만들라고 명령했어요.

이 소문은 순식간에 온 나라 안으로 퍼졌어요.

　두 사기꾼은 베틀 두 대를 들여놓았어요. 그러고는 천을 짜는 흉내를 내기 시작했지요. 하지만 베틀에는 아무것도 걸려 있지 않았답니다.

　임금님은 천을 얼마나 짰
는지 궁금했어요. 그런데 자신의
눈에 그 천이 보이지 않을까 봐 직
접 보러 갈 엄두가 나지 않았어요.

그래서 가장 지혜롭다는 신하에게
명령을 내렸지요.
　"천을 얼마나 짰는지 보고 와라."
　그 신하도 속으로 걱정이 되기는
마찬가지였어요. 하지만 임금님의 명

령을 거역할 수는 없었지요.

두 사람이 일하는 방으로 간 신하
는 속으로 깜짝 놀랐어요.

'아니, 아무것도 보이지 않잖아! 내
가 멍청한 바보인가?'

"어서 오십시오! 이 천을 좀 보십
시오. 정말 아름답지 않습니까?"

두 사람은 베틀을 가리키며 호들
갑스럽게 말했어요.
신하의 눈에는 여전히 아무것도
보이지 않았어요.

아무것도 없으니 보이지 않는 것이 당연했지요.

신하는 사실대로 말할 수가 없었 어요. 그랬다가는 멍청한 바보라고 소문이 날 테니까요.

"오, 정말 훌륭하군, 훌륭해. 임금

님도 몹시 기뻐하실 거야."

신하는 이렇게 거짓말을 했어요.

두 사기꾼은 천의 색깔이나 무늬에 대해서 침이 마르도록 설명을 했어요.

신하는 그 말을 잘 기억해 두었다가 임금님께 그대로 전하고는 부리나케 집으로 돌아갔어요.

사기꾼들은 실을 사야 한다며
날마다 돈을 받아 냈어요.
　　그리고는 여전히 아무것도 없는
베틀에 앉아 천을 짜는 흉내만 냈
지요.

　며칠 후, 사기꾼들은 드디어 옷이 완성되었다며 임금님을 찾아갔어요.

　마침 임금님은 큰 행사가 있어서 여러 귀족들과 함께 있었어요.

　사기꾼들은 뭔가를 들어올리는 것처럼 팔을 높이 쳐들었어요.

"보십시오, 임금님. 정말 멋지지 않습니까?"

임금님과 귀족들은 속으로 깜짝 놀랐어요. 자신들의 눈에는 아무것도 보이지 않았거든요.

하지만 바보라고 놀림을 받을까 봐 아무도 그 말을 할 수가 없었어요.

"오, 과연 멋진 옷이구나. 너희들에게 훈장을 주어야겠다."

임금님은 매우 만족한 것처럼 껄껄껄 웃어 보였어요.

귀족들도 맞장구를 치며 호들갑을 떨었지요.

"임금님, 옷을 몽땅 벗으시지요.
저희가 새 옷을 입혀 드리겠습니다."
두 사기꾼은 임금님께 새 옷을 입
혀 드리는 시늉을 했어요.

임금님은 거리로 나가 행진을 시작했어요.

임금님을 기다리던 백성들은 깜짝 놀랐어요. 임금님이 벌거벗은 채 걷고 있었으니까요.

하지만 아무도 이 사실을 말할 수 없었답니다. 그랬다가는 멍청한 바보라고 놀림을 받게 될 테니까요.

"와, 정말 멋진 옷이야. 최고야, 최고! 아주 잘 어울려요!"

오히려 이렇게 호들갑스럽게 보이지도 않는 옷을 칭찬했지요.

그때 한 어린아이가 외쳤어요.

"하하하, 임금님이 벌거벗었어. 아무것도 안 입었어!"

그 말을 들은 사람들은 서로 귓속말을 주고받았어요.

"임금님이 아무것도 안 입었대!"

마침내 그곳에 있던 사람들은 모두 이렇게 외쳤어요.

"임금님이 벌거벗었다!"

임금님은 그 말이 사실인 줄 알면서도 걸음을 멈출 수가 없었어요.

그래서 더 거드름을 피우며 앞으로 걸어갔지요.

뒤따르던 시종들은 있지도 않은 옷을 떠받들고 임금님을 계속 따라갔답니다.

생각이 쑥쑥!

　진짜 중요한 것은 겉에 입은 옷이 아니라 그 사람의 속마음일 거예요. 자신의 겉모습만 신경 쓰던 임금님은 결국 백성들 앞에서 웃음거리가 되고 말았어요. 만약 임금님이 자기 마음을 아름답게 가꾸고 나라를 잘 다스렸다면 백성들의 존경을 받았을 텐데 말이에요.

　화려하게 꾸며서 겉만 멋진 사람보다는 생각과 마음이 멋진 사람이 되는 것이 좋겠지요?

엄지
공주

한 여자가 요술쟁이 할머니를 찾
아가 물었어요.

"어떻게 하면 귀여운 아기를 가질
수 있을까요?"

요술쟁이는 보리 한 알을 주었어요.

"그거야 쉽지. 이걸 심어. 그럼 뭔
가 나올 거야."

여자는 화분에 보리를 심었어요.
그러자 금세 튤립처럼 생긴 예쁜 꽃
이 피었어요. 게다가 꽃 속에는 귀여
운 여자아이가 앉아 있지 뭐예요.

"어머나, 예뻐라. 꼭 엄지손가락만
하네. 엄지 공주라고 불러야겠다."

어느 날 밤, 못생긴 엄마 두꺼비
가 잠들어 있는 엄지 공주를 안고
도망쳤어요.

"넌 우리 아들과 결혼해야 돼."

엄마 두꺼비는 강 한가운데에
있는 수련 잎에 엄지 공주를 데려
다 놓았어요.

그러고는 결혼식 준비를 하러
다시 강가로 돌아갔지요.

"징그럽고 지저분한 두꺼비랑은 살기 싫어."

엄지 공주는 엉엉 울었어요.

"우리가 엄지 공주를 도와주자!"

물고기들이 수련 줄기를 입으로 물어 끊어 주었어요.

엄지 공주는 수련 잎을 타고 먼 이웃 나라로 흘러갔어요.

그런데 이번에는 풍뎅이가 날아오
더니 엄지 공주를 낚아채 갔어요.

"어머, 징그러워. 저 아이는 다리
가 두 개뿐이야!"

"더듬이도 없어!"

다른 풍뎅이들이 엄지 공주를 놀
려 주었어요. 풍뎅이들은 엄지 공주
만 남겨 놓고 모두 떠나 버렸어요.

"내가 그렇게 못생겼나?"

엄지 공주는 너무 슬퍼서 또 엉엉 울었어요.

엄지 공주는 여름 내내 숲속에서 혼자 지냈어요.

어느덧 춥고 긴 겨울이 되었어요.

엄지 공주는 너무 춥고 배가 고파 견딜 수가 없었어요.

눈 내리는 어느 날 오후, 엄지 공
주는 들쥐 할머니를 찾아갔어요.

"보리 몇 알만 좀 나누어 주세요.
이틀이나 굶었거든요."

친절한 들쥐 할머니는 엄지 공주
를 그 집에서 살게 해 주었어요.

대신 엄지 공주는 청소도 하고,
들쥐 할머니에게 재미있는 이야기도
들려주며 즐겁게 지냈어요.

어느 날, 들쥐 할머니가 말했어요.

"곧 부자 손님이 올 거야. 네가 그
분의 신부가 되면 좋을 텐데."

손님은 바로 두더지였어요. 두더지
는 엄지 공주가 마음에 들었어요.

"제가 들쥐 할머니 댁과 우리 집 사이에 긴 복도를 팠어요. 한번 보실래요?"

들쥐 할머니와 엄지 공주는 두더지를 따라나섰어요.

그런데 복도 중간쯤에 제비가 쓰러져 있었어요. 두더지는 제비를 발로 냅다 차며 말했어요.

"이 녀석은 하는 일 없이 삐삐 울기만 하지. 그러니 겨울이 되면 굶어 죽는 거야."

　엄지 공주는 제비가 가여웠
어요.
　'제비는 여름 내내 아름다운
노래를 불러 주었는데……'
　엄지 공주는 두더지 몰래 제
비 눈에 입을 맞추었어요.

그날 밤, 엄지 공주는 다시 제비에게 가서 마른잎을 덮어 주었어요. 그러자 제비 가슴이 콩콩 뛰기 시작했어요. 제비는 죽은 게 아니라 기절했던 거였어요!

겨우내 엄지 공주는 아무도 모르게 제비를 보살펴 주었어요.

덕분에 제비는 점점 기운을 되찾기 시작했지요.

따뜻한 봄이 되자 제비가 말했어요.

"엄지 공주, 나랑 같이 갈래요? 내가 숲으로 데려다 줄게요."

"안 돼. 내가 가 버리면 들쥐 할머니가 슬퍼할 거야."

"알았어요. 그럼 잘 있어요."

제비는 멀리멀리 날아가 버렸어요.

들쥐 할머니는 결혼 준비 때문에 무척 바빠졌어요. 두더지가 엄지 공주와 결혼을 하겠다고 했거든요.

"결혼하기 싫어요. 두더지는 너무 따분해요."

"두더지는 부자야. 네가 결혼하면 아무 걱정 없이 살 수 있을 거야."

엄지 공주가 울며 말했지만, 소용 없었어요.

마침내 결혼식 날이 되었어요.

엄지 공주는 들판의 작은 꽃을 꼭
안고 말했어요.

"난 오늘 두더지와 결혼을 한단다.
그 사랑스러운 제비를 만나면 내 작
별 인사 좀 전해 줄래?"

바로 그때였어요. 어디선가 그 제
비가 날아왔어요.

"제비야, 반가워. 그런데 난 두더지
와 결혼을 해야 돼. 이제 캄캄한 땅
속에서만 살아야 돼."

엄지 공주는 엉엉 울며 사정을 이
야기했어요.

"친절한 엄지 공주님, 제 등에 타세요. 전 지금 따뜻한 나라로 가는 중이에요. 제가 그곳으로 데려다 드릴게요."

"정말이야? 알았어!"

엄지 공주는 얼른 제비 등에 올라 탔어요.

따뜻한 나라에는 아름다운 꽃들
이 활짝 피어 있었어요.

제비는 엄지 공주를 작은 꽃 속에
내려 주었어요.

엄지 공주는 깜짝 놀랐어요. 꽃
속에 금관을 쓰고 날개를 단 꽃의
요정들의 임금님이 있었거든요.

임금님이 말했어요.

"내 신부가 되어 줄래요? 그럼 당신은 꽃의 여왕이 될 거예요."

엄지 공주는 임금님이 마음에 들었어요. 그래서 결혼을 허락했지요.

그러자 다른 꽃 속에서 귀부인과
신사들이 선물을 들고 나왔어요.

"결혼을 축하합니다!"

엄지 공주는 커다란 흰 날개도 선
물로 받았어요. 이제 엄지 공주도
훨훨 날 수 있게 된 거예요.

제비는 엄지 공주에게 축하의 말
을 남기고 멀리 날아갔어요.

"결혼을 축하해요, 엄지 공주
님! 잘 있어요."

생각이 쑥쑥!

엄지 공주의 마음은 참 따뜻하기도 하네요. 여름 동안 아름다운 노래를 불러 준 제비에게 고마워할 줄 아니 말이에요.

여러분도 나무 위에서 짹짹짹 노래하는 새소리를 들어 본 적 있지요? 그 새에게 노래를 들려주어 고맙다고 인사해 본 적이 있나요?

이제 우리 모두 인사해 볼까요?

"참새님, 고마워요!

바람님, 고마워요!"

성냥팔이 소녀

한 해의 마지막 날 밤이었어요. 눈까지 내려 몹시 춥고 캄캄한 길을 한 여자아이가 맨발로 걷고 있었어요.

여자아이의 발은 이미 꽁꽁 얼어서 빨갛게 부어올랐어요.

119

여자아이는 너무 춥고 배가 고파
한 걸음도 더 걸을 수가 없었어요.

"어휴, 더는 못 걷겠어."

아이는 어느 집 담 옆에 쪼그려
앉아 외쳤어요.

"성냥 사세요. 성냥 좀 사 주세요."

하지만 사람들은 들은 척도 하지
않고 지나쳐 갔어요.

그래도 집에는 갈 수가 없었어요.
성냥을 하나도 못 팔았으니 아버지
한테 맞을 게 뻔하니까요.

이젠 언 손가락이 잘 펴지지도 않았
어요.

아이는 용기를 내 성냥 한 개비를
벽에 그었어요. 불이 확 붙었어요. 밝
고 따뜻했어요.

"발 좀 녹여야지."

아이는 발을 앞으로 뻗었어요.

그런데 바로 그 순간 그만 성냥불
이 꺼지고 말았어요.

아이는 다시 성냥 한 개비를 벽에
그었어요.

성냥 불빛이 벽에 닿자, 신기하게
도 방 안이 훤히 들여다보였어요.

식탁 위에는 먹음직스런 음식들이

가득했어요. 커다란 거위구이가 아
이를 향해 뒤뚱거리며 다가오기 시
작했어요.

그 순간 성냥불이 또 꺼지고 말았어요. 아이는 얼른 세 번째 성냥을 그었어요. 이번에는 수많은 촛불이 달려 있는 멋진 크리스마스트리가 나타났어요.

아이는 자기도 모르게 손을 쭉 뻗었어요. 그러자 성냥불이 꺼지면서 트리에 달려 있던 촛불이 하나씩 하늘로 올라갔어요. 촛불들은 밤하늘에 반짝이는 별이 되었어요.

별님 하나가 긴 꼬리를 끌며 떨어졌어요.

　"아, 누가 죽었나 봐!"

　아이는 작은 소리로 외쳤어요.

　별똥별이 떨어질 때마다 누군가의 영혼이 하느님께 올라간다고 돌아가신 할머니가 전에 가르쳐 주셨거든요.

아이는 성냥을 하나 더 그었어요.

불빛 속에 다정하게 웃는 할머니
가 나타났어요.

"저도 데려가 주세요. 할머니도
사라져 버리실 거예요?"

아이는 울먹이며 외쳤어요.

아이는 남은 성냥을 모두 그었어요.
그래야 할머니가 사라지지 않을 것
같았거든요.

할머니가 아이를 꼭 끌어안았어요.
그러고는 하늘 높이 올라갔어요.

133

이튿날 아침, 사람들은 미소를 머금은 채 성냥을 꼭 쥐고 쓰러져 있는 아이를 발견했어요. 아이는 지난밤에 얼어 죽었던 거예요.

하지만 아이가 할머니와 함께 기쁘게 새해를 맞이한 사실은 아무도 몰랐답니다.

생각이 쑥쑥!

 가엾은 성냥팔이 소녀가 마침내 죽고 말았네요. 얼마나 춥고 배가 고팠을까요? 만약 주변 사람들이 그 소녀를 돌보아 주었다면 아무리 추운 겨울이라도 무사히 보낼 수 있었을 거예요.

 우리 주변에도 성냥팔이 소녀처럼 어렵게 사는 친구들이 있어요. 그 친구들을 위해 우리가 할 수 있는 일은 무엇일까요? 한번 생각해 보세요. 그리고 꼭 그대로 실천해 보세요.

눈의 여왕

악마들이 신비한 요술 거울을 만들었어요. 무엇이든 거꾸로 보이는 거울이었어요. 웃는 얼굴은 우는 얼굴로, 예쁜 얼굴은 못생긴 얼굴로 보였지요.

"이 거울로 하느님 얼굴을 비춰 보자!"

악마들은 요술 거울을 들고 하느님을 찾아갔어요.

하지만 하느님은 이미 악마들의 계획을 다 알고 있었어요. 하느님은 아주 밝은 빛을 내리쬐었어요.

악마들은 눈이 멀어 지옥으로 떨어졌어요.

요술 거울은 산산조각이 난 채 인간 세상으로 떨어졌고요.

아주 작은 요술 거울의 조각이 카
이라는 남자아이의 눈으로 들어갔
어요.

카이의 마음은 아주 차갑게 변해
갔어요. 점점 심술궂은 아이가 되었
어요. 오누이처럼 지내던 겔다와도
사이좋게 지내지 않았어요.

143

어느 겨울날, 하얀 말이 끄는 하 얀 마차가 카이 앞에 도착했어요. 마 차에는 눈의 여왕이 타고 있었어요.

얼굴이 하얗고 아름다운 눈의 여 왕이 말했어요.

"네 마음보다 더 차가운 얼음 궁전 으로 놀러 가지 않을래?"

카이는 얼른 마차에 올라탔어 요. 눈의 여왕이 카이의 뺨 에 입 맞추었어요.

그 순간 카이는 모든 것을 잊어버리게 되었어요. 겔다도, 집에 혼자 계시는 할머니도 다 잊어버렸어요.

마차는 북쪽 하늘로 순식간에 날아갔어요.

147

봄이 되자, 겔다는 작은 나룻배를
타고 카이를 찾아 나섰어요.
겔다는 어느 아름다운 꽃밭에 도
착했어요. 그 꽃밭 속 외딴집에는 요
술 할머니가 살고 있었어요.

"할머니, 혹시 카이라는 아이를 못 보셨어요?"

"어디 있는지 가르쳐 줄 테니, 집으로 들어가자."

요술 할머니는 겔다를 데리고 들어가서 마법을 걸었어요.

겔다는 모든 것을 다 잊어버리고 요술 할머니와 살게 되었어요.

여름이 가고, 가을이 가고, 다시 겨울이 되었어요.

찬바람이 온몸을 감싸자 겔다는 갑자기 정신이 번쩍 들었어요.

"어? 내가 왜 여기 있지? 카이를 찾아야 하는데."

겔다는 요술 할머니가 집을 비운 사이에 몰래 도망쳤어요.

153

어디선가 까마귀 한 마리가 나타
났어요. 겔다는 까마귀에게 지금까
지 있었던 일을 이야기했어요.

"숲속에 왕자님이 살고 있는데, 혹
시 그 왕자님이 카이라는 친구일지
도 모르겠네요."

겔다의 이야기를 들은 까마귀는
숲속에 사는 친구 까마귀를 데리고
왔어요.

겔다는 그 까마귀를 따라 숲속 궁
전으로 갔어요.

"카이야, 일어나. 나 겔다야!"

겔다는 자고 있는 왕자님을 흔들어 깨웠어요.

그런데 그 왕자님은 카이가 아니었어요.

겔다는 왕자님에게 카이에 대해서
모두 말했어요.

"안됐지만 카이라는 아이는 여기
없어."

이튿날 아침, 왕자님은 멋진 마차
를 한 대 마련해 주었어요. 겔다는
마차를 타고 다시 카이를 찾아 떠났
어요.

마차는 깊은 숲속으로 계속 달렸
어요.

"꼼짝 말고 멈춰라!"

갑자기 산적들이 나타나 마부를
죽이고 재물을 모두 빼앗았어요.

"잠깐만요. 그 아이는 살려 주세요."

산적의 딸이 부탁했어요.

덕분에 겔다는 겨우
목숨을 구했지요.

겔다는 산적의 딸에게도 카이에 대해 말해 주었어요.

그때, 방 안에 있던 비둘기가 말했어요.

"카이는 눈의 여왕이 데려갔어."

"정말이야? 거기가 어디인데?"

겔다는 산적들이 모두 잠들 때까지 기다렸다가 산적의 딸이 마련해 준 순록을 타고 눈의 여왕이 사는 곳으로 떠났어요.

얼마 후 겔다는 눈과 얼음으로 뒤덮인 곳에 도착했어요.

그곳에도 외딴집이 한 채 있었어요.

"아무도 안 계세요?"

겔다가 문을 두드리자, 할머니 한 분이 나왔어요.

할머니는 겔다의 이야기를 듣더니 황금 십자가를 주었어요.

"카이는 눈의 궁전에 있단다. 그곳은 무시무시한 얼음 괴물이 지키고 있기 때문에 쉽게 들어갈 수 없어. 하지만 이 십자가가 너를 도와줄 거야."

"고맙습니다."

겔다는 황금 십자가를 가지고 다시 길을 떠났어요.

겔다는 드디어 얼음 궁전에 도착
했어요.

그런데 겔다를 맞아 준 것은 무시
무시한 얼음 괴물이었어요. 겔다는 너
무 무서워서 꼼짝도 할 수 없었어요.

"하느님! 제발 카이를 구할 수 있
도록 도와주세요."

겔다는 황금 십자가를 쥐고 기도
했어요. 그러자 어디선가 천사들이
나타났어요.

천사들은 얼음 괴물을 꽁꽁 얼려
버렸어요.

"고맙습니다, 천사님!"

겔다는 얼음 궁전으로 달려갔어요.

겔다는 카이를 발견하고 정말 기뻤어요.

"카이야, 나야!"

겔다는 카이를 꼭 끌어안았어요. 하지만 카이는 겔다를 전혀 알아보지 못했어요.

"카이야, 나 좀 봐. 나 겔다라고!"

겔다는 엉엉 울며 외쳤어요.

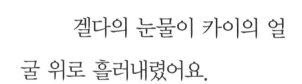

겔다의 눈물이 카이의 얼굴 위로 흘러내렸어요.

그러자 얼음처럼 차갑던 카이의 얼굴이 점점 따뜻해졌어요.

"겔다야, 우리가 왜 여기 있니?"

그제야 정신을 차린 카이가 주위

를 두리번거리며 물었어요.

바로 그때 눈의 여왕이 나타났어요.

"하하하, 제정신이 돌아왔군. 하지만 여기서 나갈 수는 없다!"

"제발 저를 보내 주세요. 할머
니가 보고 싶어요."

카이는 눈물을 뚝뚝 흘리며
애원했어요.

그 바람에 카이의 눈에 박혀 있
던 거울 조각이 빠져나왔어요.

"아, 따뜻한 마음과 눈물! 내가 졌다. 어서 돌아가거라."

눈의 여왕이 얼음 지팡이를 휘둘렀어요. 그러자 눈의 궁전은 눈 깜짝할 사이에 사라졌어요.

카이와 겔다는 순록을 타고 신나게 달렸어요.

집으로 돌아온 두 사람은 오래도록 행복하게 살았답니다.

생각이 쑥쑥!

  남을 위해서 흘리는 눈물은 참 대단한 힘을 가진 것 같아요. 할머니를 생각하는 카이의 따뜻한 마음과 눈물 앞에서는 차갑기만 한 눈의 여왕도 꼼짝 못했으니 말이에요.

  참, 카이를 구하기 위해 온갖 어려움을 견뎌 낸 겔다의 사랑도 역시 멋져요. 여러분도 마음속에 위대한 사랑을 품고 키워 보세요.

완두콩 오 형제

완두콩 다섯 알이 한 꼬투리 안에
나란히 들어 있었어요.
초록색이던 꼬투리는 점점 노랗게
익어 갔어요.

어느 날, 어린 소년이 완두콩을 꼬투리째 똑 땄어요.

그러고는 꼬투리를 까서 완두콩을 꺼냈어요. 소년은 첫 번째 완두콩을 피리 총 속에 넣고 훅 불었어요.

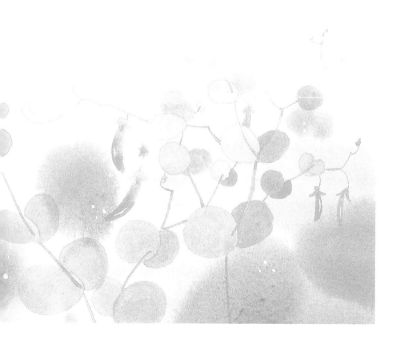

"야호! 애들아, 내가 먼저 저 넓은 세상으로 간다!"

첫 번째 완두콩은 어디론가 멀리 날아가 버렸어요.

"난 해를 향해 갈 거야. 나한테 딱
어울리는 진짜 꼬투리는 바로 저 해
뿐이라고."

두 번째 완두콩도 슝 날아갔어요.

191

세 번째와 네 번째 완두콩도 멀리
날아가며 외쳤어요.

"잘 봐. 우리가 가장 멀리 갈 테니
까. 얏호~!"

드디어 막내 차례가 되었어요. 막내 완두콩은 어느 다락방의 창문 틈새에 떨어졌어요. 그곳에는 바람에 날아온 흙과 이끼가 조금 있었어요. 막내는 이끼 사이에 쏙 숨으며 말했어요.

"무엇이든 그냥 되는 대로 될래."

195

　다락방에는 가난한 엄마와 병든
딸이 살았어요.
　엄마는 하느님이 딸을 데려가시려
나 보다고 절망하고 있었어요.
　딸은 하루 종일 누워서 지내야 할
정도로 몸이 약했거든요.

197

곧 봄이 되었어요.

"엄마, 저게 뭐예요? 창문 틈에 뭐
가 있어요."

딸이 창문 틈에서 무언가를
발견하고는 외쳤어요.

"어머나, 이건 완두콩이야. 이런 곳에서 싹을 다 틔웠네. 네게도 조그만 뜰이 생겼구나."

엄마는 딸의 침대를 창문 바로 옆으로 옮겨 주었어요.

딸은 완두콩이 자라는 모습을 지켜보며 조금씩 기운을 되찾았어요.

엄마는 딸에게 희망을 준 싹이 꺾이지 않도록 막대를 세워 주었어요.

완두콩 덩굴이 휘감고 올라갈 수 있도록 창틀에 실도 매어 주었어요.

완두콩은 날마다 쑥쑥 자랐어요.

어느 날, 완두콩은
예쁜 꽃을 피웠어요.
"세상에! 이 꽃 좀 보렴!"
딸은 이제 혼자 일어나 앉아 있을
수도 있게 되었어요.
엄마와 딸은 꽃 앞에 두 손을 모
으고 감사 기도를 드렸어요.
꽃을 통해 희망과 기쁨을 갖게 되
었으니까요.

생각이 쑥쑥!

막내 완두콩은 그저 제 할 일을 했을 뿐이에요. 싹을 틔우고 꽃을 피웠으니까요. 하지만 그 일은 몸이 너무 아파 매일 누워만 있던 한 소녀에게 건강을 되찾아 주었어요. 정말 값진 일을 했지요?

어린이 여러분도 자신이 잘할 수 있는 일을 열심히 하세요. 우리 모두 제 할 일을 열심히 하면 이 세상은 좀 더 아름답고 건강해질 거예요.

못생긴 새끼 오리

엄마 오리가 알을 품고 새끼들이
나오기를 기다렸어요.

드디어 귀여운 새끼 오리들이 알
을 까고 나왔어요. 엄마 오리는 새끼
들이 다 나왔는지 살펴보았어요.

"아니, 가장 큰 알이 아직 남았네.
얘는 왜 안 나오지?"

엄마 오리는 다시 알을 품기 시작
했어요.

얼마 후, 커다란 알도 찌지직 갈라
졌어요. 그런데 그 속에서는 아주 못
생긴 잿빛 새끼 오리가 나왔어요.

엄마 오리는 새끼 오리들을 모두
데리고 농장으로 갔어요.

"이 녀석은 너무 크고 이상하게 생겼어. 그러니까 혼이 좀 나야 돼."

농장 오리 한 마리가 잿빛 새끼 오리의 목을 콱 물었어요.

"그만두세요! 이상하게 생겼어도 얼마나 착하다고요. 헤엄도 가장 잘 치는걸요. 틀림없이 훌륭하게 자랄 거예요!"

엄마 오리는 새끼 오리들을 데리고 부랴부랴 농장을 빠져나왔어요.

하지만 모두들 잿빛 새끼 오리를 물어뜯고 구박했어요. 심지어 형제들까지도요.

"어휴, 차라리 어디론가 가 버리면 좋겠어."

엄마 오리마저도 이렇게 푸념을 하기 시작했어요.

참다 못한 새끼 오리는 들오리들이 사는 늪으로 도망을 쳤어요.

들오리들은 반갑게 맞아 주지는

않았지만, 구박하며 쫓아내지도 않

았어요.

하지만 그 평화도 오래 가지는 못

했어요.

"탕, 탕!"

　사냥꾼들이 사냥을 시작한 거예
요. 새끼 오리는 너무 무서워 꼼짝도
할 수 없었어요.
　한낮이 지나자 총소리가 멎었어요.

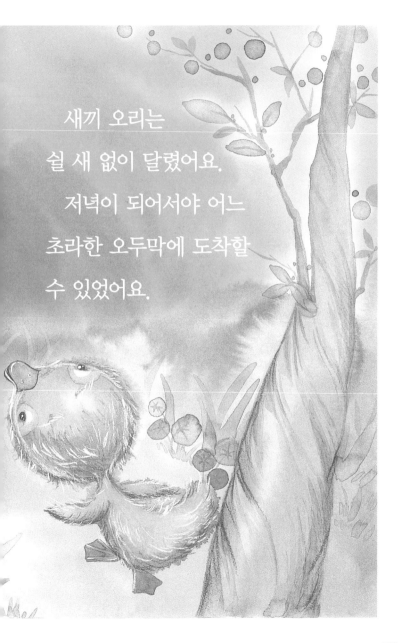

새끼 오리는
쉴 새 없이 달렸어요.
저녁이 되어서야 어느
초라한 오두막에 도착할
수 있었어요.

그 집에는 할머니가 고양이와 닭을 기르며 살고 있었어요.

할머니는 새끼 오리를 발견하고는 무척 기뻐했어요.

"아니, 이게 웬 떡이냐? 이제 오리 알도 먹을 수 있게 생겼구먼."

눈이 잘 보이지 않는 할머니는 새끼 오리를 뚱뚱한 어미 오리라고 생각한 거예요.

며칠이 지나자 새끼 오리는 집 안
에서만 지내는 것이 너무 따분하게
느껴졌어요.
그래서 그 집을 나와 버렸지요.

다시 떠돌이가 된 새끼 오리는 어
느 날 아주 멋진 새를 보았어요.
바로 백조였어요. 새끼 오리는 백
조를 잊을 수가 없었어요.

추운 겨울이 되었어요.

새끼 오리는 여전히 혼자였어요.

물은 점점 꽁꽁 얼기 시작했어요.

가엾은 새끼 오리는 그만 얼음 속
에 갇혀 얼어붙고 말았어요.

이튿날 어느 농부가 새끼 오리를 발견하고는 집으로 데려갔어요.

아이들이 새끼 오리에게 다가왔어요. 새끼 오리는 자기를 괴롭히려는 줄 알고 우유 항아리 속으로, 다음엔 버터 항아리 속으로 도망을 쳤어요.

집 안은 엉망진창이 되고 말았지요.

"잡히기만 해 봐라.
혼을 내 줄 테니."

227

잔뜩 화가 난 주인 아주머니는 새
끼 오리를 잡으려고 뛰어왔어요.
　　새끼 오리는 다시 숲으로 도망을
쳤어요. 숲속에서 혼자 보내는 겨울
은 외롭고 추웠어요.

드디어 따뜻한 봄이 되었어요.

겨울을 잘 견뎌 낸 새끼 오리는
문득 날개를 퍼덕거려 보았어요.

그러자 신기하게도 몸이 하늘로
두둥실 떠오르는 거예요!

새끼 오리는 어느 아름다운
정원에 내려앉았어요.

231

정원 안 호수에서는 백조들이 깃털을 고르고 있었어요.

'저 새들한테 가 볼까? 아니야, 나처럼 못생긴 새는 귀찮아서 죽일지도 몰라. 그러면 어때? 어차피 오리한테 물리고 닭한테 쪼이느니 차라리 죽는 게 나아!"

새끼 오리는 용기를 내어 백조들이 헤엄치고 있는 곳으로 날아갔어요.

그때 물 위에 새끼 오리의 모습이 비쳤어요.

자신의 모습을 본 새끼 오리는 깜짝 놀랐어요. 그 모습은 더 이상 못생긴 새끼 오리가 아니었거든요. 바로 아름다운 백조였어요!

어느새 몰려온 아이들이 기뻐하며
소리쳤어요.

"와! 새 백조가 왔어. 새 백조가
가장 예쁘다!"

　늙은 백조들은 젊은 백조 앞에서
고개를 숙였어요.

　하지만 마음씨 착한 젊은 백조는
조금도 잘난 체하지 않았어요.

무시당하고 구박받던 옛날 일들이
떠올랐어요.

젊은 백조는 무척 행복해서 속으
로 이렇게 외쳤답니다.

'못생긴 새끼 오리였을 때는 내가
이렇게 행복하게 될 줄은
정말 몰랐어!'

생각이 쑥쑥!

짝짝짝! 온갖 어려움과 구박을 다 견뎌 내고 아름다운 백조로 잘 자란 새끼 오리에게 박수를 쳐 주세요.

누구에게나 어렵고 힘든 일이 생겨요. 그런데 그 어려움 앞에서 절대 도망가면 안 돼요. 형편은 점점 더 어려워질 뿐이지요. 하지만 '그까짓 것쯤이야!' 하고 뛰어넘어 버리면 훌쩍 커 버린 자신을 발견할 수 있어요. 못생긴 새끼 오리처럼요!

나이팅게일

　중국의 어느 황제는 아주 멋진 궁
궐에서 살았어요.

　아름다운 정원에는 나이팅게일이
한 마리 있었어요. 그 새는 세상에
서 가장 아름다운 목소리로 노래를
했어요. 그 노래를 한 번 들은 사람

은 누구나 잊을 수가 없었답니다.

나이팅게일에 대한 소문은 다른 나라에까지도 전해졌어요.

"그 새의 노래를 한번 듣고 싶구나. 누구든 당장 그 새를 잡아 오너라. 잡아 오는 사람에게 큰 상을 내리겠다."

245

소문을 들은 황제는 신하들에게
이렇게 말했어요.

얼마 후 황제의 신하에게 잡힌 나
이팅게일은 황제의 방에서 살게 되
었어요.

나이팅게일은 고운 목소리로 노래
를 불렀어요.

"오, 정말 아름다운 목소리다."

"천사의 노래보다 더 아름다워!"

나이팅게일의 노래는 궁궐 사람들
모두를 감동시켰어요.

노래를 들은 황제가 눈물을 주르
륵 흘릴 정도였답니다.

"참으로 훌륭하구
나, 훌륭해!"

황제는 나이팅
게일을 애지중지
하였어요. 황제
에게 나이팅게
일은 세상 그
무엇과도 바
꿀 수 없는
보물이 되었
지요.

249

하지만 나이팅게일은 별로 즐겁지 않았어요. 산책을 갈 때조차 신하 열두 명이 나이팅게일의 다리에 비단 리본을 묶어 단단히 쥐고 따라다녔으니까요.

어느 날, 황제 앞으로 커다란 상자가 배달되었어요. 상자 속에는 온몸에 보석이 박힌 나이팅게일 조각상이 들어 있었어요.

그 조각상은 태엽을 감아 주면 꼬리를 까딱거리면서 고운 소리로 노래도 불렀어요.

사람들은 이제 나이팅게일 조각상에 온통 마음을 빼앗겼어요.

똑같은 노래를 지치지도 않고 해대는 나이팅게일 조각상을 모두들 칭찬했지요.

그 사이에 진짜 나이팅게일은 창문으로 몰래 빠져나가 버렸답니다.

사람들은 은혜도 모르는 새라며 손가락질을 했어요.

이번에는 나이팅게일
조각상이 아주 유명해졌어요.
　언제나 황제의 침대 바로 옆에
놓여 있었지요.
　높은 벼슬도 얻었고요.

어느덧 일 년이 흘렀어요.

황제는 잠자리에 들기 전에 나이팅게일의 태엽을 감았어요.

그런데 한창 노래를 하던 나이팅게일이 갑자기 노래를 뚝 멈추었어요.

시계 수리공이 헐레벌떡 뛰어와서 겨우 고쳐 놓았어요.

하지만 나이팅게일 조각상은 이제 너무 낡아 일 년에 한 번만 노래를 들어야 했어요.

어느덧 오 년의 시간
이 흘렀어요.

황제는 큰 병에 걸렸어
요. 황제는 가쁜 숨을 몰아쉬
며 하루 종일 외롭게 누워 있
었어요. 사람들은 새로운 황제
만 찾아갔으니까요.

어느 날 밤, 죽음의 신이 황제
를 데리러 왔어요.

"나이팅게일아, 노래를 해. 노래
를 하라고! 어서!"

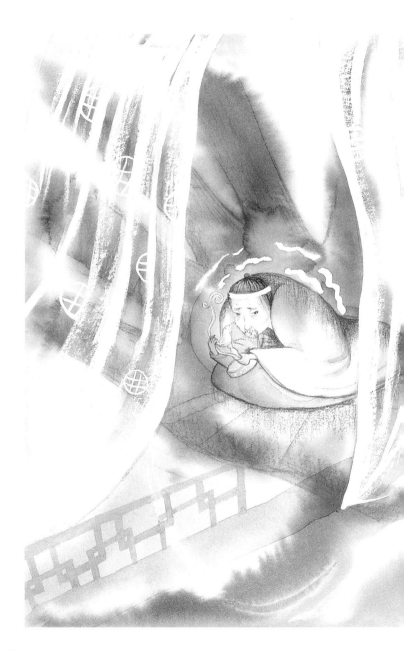

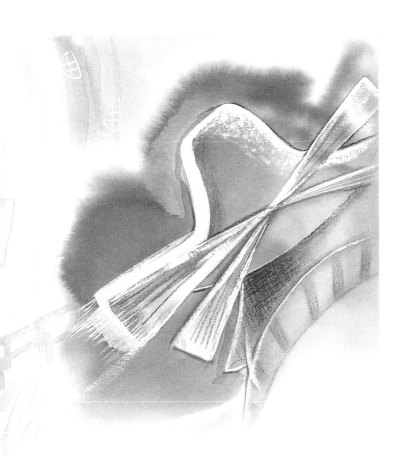

겁이 난 황제가 정신없이 소리쳤어
요. 하지만 조각상은 태엽을 감아 주
지 않으면 노래를 할 수가 없었어요.

바로 그때였어요. 창가에서 너무나
도 고운 노랫소리가 들려왔어요.

황제가 아프다는 소식을 듣고, 진
짜 나이팅게일이 희망의 노래를 들
려주려고 날아온 거예요.

죽음의 신도 나이팅게일의 노래에
푹 빠졌어요.

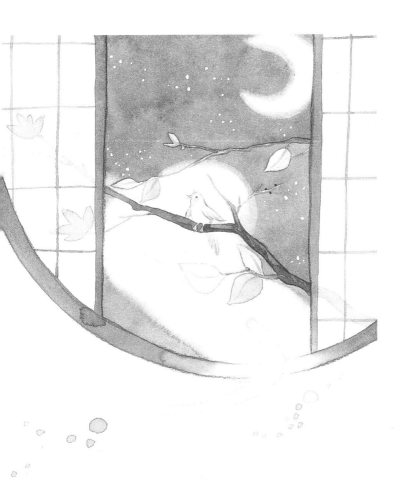

노래를 듣던 죽음의 신은 슬그머니
창밖으로 나가 버렸어요.

그리고 얼마 후, 황제는 다시 예전 처럼 건강해졌답니다.

생각이 쑥쑥!

　아무리 아름다운 노래를 할 수 있어
도 따뜻한 마음이 없다면 아무 소용
이 없어요. 태엽을 감아 줘야 노래하
는 조각상 나이팅게일처럼요.

　하지만 진짜 나이팅게일은 자신을
사랑해 준 황제를 잊지 않고, 황제가
죽기 전에 찾아와 노래해 주었어요.

　나이팅게일의 노래보다 더 아름다
운 것은 은혜를 잊지 않은 나이팅게
일의 마음 아닐까요?